Bibi&Tina®

Mein pferdestarkes Vorschulbuch

Fördert Konzentration und logisches Denken, Hinführung zu ersten Buchstaben und Zahlen

Klett Lerntraining

Hallo!
Wir sind Bibi und Tina!
Und wie heißt du?
Kannst du schon
deinen Namen schreiben?
Dann schreibe ihn
in großen Buchstaben
auf die Linie.

____

Vorwort

Liebe Eltern,

Ihr Vorschulkind liebt Bibi und Tina? Dann ist dieser Lernspaß für Ihr Kind genau richtig! Zugleich fördern Sie wichtige Grundlagen, die für den späteren Lernerfolg wichtig sind. Ihr Kind übt mit viel Spaß unter anderem:

- **Schwungübungen:** Für das Schreiben von Zahlen und Buchstaben ist es wichtig, den Stift gezielt und flüssig zu bewegen. Darauf bereiten die Schwungübungen vor, aber auch die kleinen Abschreibaufgaben.
- **Zahlenverständnis:** Ihr Kind sollte, wenn es in die Schule kommt, bis zehn zählen können und ein Bild zu den Zahlen im Kopf haben.
- **Logisches Denken:** Ihr Kind sollte Zusammenhänge und logische Abfolgen erkennen und erklären können.
- **Konzentration:** Um in der Schule zu bestehen, muss Ihr Kind längere Zeit bei einer Aufgabe verweilen können, die Konzentration soll mit diesen Aufgaben geschult werden.

Die mit ★ gekennzeichneten Aufgaben (im Inhaltsverzeichnis rot markiert) sind etwas schwieriger, hier sollten Sie darauf achten, dass Ihr Kind nicht überfordert ist. Schließlich soll es den Spaß am Lernen nicht verlieren!

Viel Vergnügen wünschen

Bibi + Tina

und Ihre
Vorschul-Redaktion

Inhaltsverzeichnis

Vorwort		2
Konzentration	Ein Bild ausmalen	6
Zahlenverständnis	Zahlen lesen und schreiben	7
Schwungübungen	Schraubenform zeichnen	8
Logisches Denken	Gemeinsamkeiten und Unterschiede erkennen	9
Schwungübungen	Blumenformen ergänzen	10
Zahlenverständnis	Zahlen lesen und schreiben	11
Konzentration	Labyrinth mit Bibi und Tina	12
Schwungübungen	Bogenform zeichnen	13
Logisches Denken	Paare finden	14
Schwungübungen	Bogenform nachfahren	15
Zahlenverständnis	Zahlen lesen und schreiben	16
Logisches Denken	Puzzlebild Kuh Katja	17
Konzentration	Paare finden	18
Logisches Denken	Zusammenhänge erkennen	19
Schwungübungen	Formen ergänzen	20
Zahlenverständnis	Zahlen lesen und schreiben	21
Konzentration	Fehlersuchbild Pokal	22
Schwungübungen	U-Form zeichnen	23
Logisches Denken	Gemeinsamkeiten und Unterschiede erkennen	24
Schwungübungen	Kurze gerade Linien	25
Zahlenverständnis	Zahlen lesen und schreiben	26
Konzentration	Malen nach Buchstaben	27
Zahlenverständnis	Zahlen lesen und schreiben	28
Logisches Denken	Zusammenhänge erkennen	29
Schwungübungen	Kreise zeichnen	30
Zahlenverständnis	Zahlen lesen und schreiben	31
Konzentration	Suchbild beim Frühstück	32
Schwungübungen	S-Schwünge	33
Logisches Denken	Zusammenhänge erkennen	34
Schwungübungen	Grundschwünge zeichnen	35
Zahlenverständnis	Zahlen lesen und schreiben	36
Logisches Denken	Bildhälften finden	37
Schwungübungen	Bogenform zeichnen	38
Logisches Denken	Zusammenhänge erkennen	39
Schwungübungen	Linien nachspuren	40

Inhaltsverzeichnis

Zahlenverständnis	Zahlen lesen und schreiben	41
Logisches Denken	Zusammenhänge erkennen	42
Schwungübungen	Zickzacklinien zeichnen	43
Logisches Denken	Paare finden	44
Schwungübungen	Erste Buchstaben schreiben	45
Zahlenverständnis	Zahlen lesen und schreiben	46
Logisches Denken	etwas spiegeln	47
Konzentration	Gemeinsamkeiten und Unterschiede erkennen	48
Zahlenverständnis	Zahlen lesen und schreiben	49
Konzentration	etwas beschreiben	50
Schwungübungen	Bögen nachfahren	51
Logisches Denken	Zusammenhänge erkennen	52
Zahlenverständnis	Zahlen lesen und ordnen	53
Schwungübungen	Gerade Linien zeichnen	54
Zahlenverständnis	Zahlen lesen und schreiben	55
Konzentration	Labyrinth Bibi verteilt Heu	56
Konzentration	Schnittmuster	57
Logisches Denken	Zusammenhänge erkennen	58
Zahlenverständnis	Zahlen lesen und schreiben	59
Konzentration	Mandala	60
Konzentration	Gemeinsamkeiten und Unterschiede erkennen	61
Logisches Denken	Gemeinsamkeiten und Unterschiede erkennen	62
Zahlenverständnis	Zählen	63
Konzentration	Zungenbrecher	64
Schwungübungen	Lange gerade Linien	65
Logisches Denken	Paare finden	66
Zahlenverständnis	Zahlen lesen und schreiben	67
Konzentration	Paare finden	68
Konzentration	Reimpaare finden	69
Logisches Denken	Bildhälften finden	70
Zahlenverständnis	Zahlen lesen und schreiben	71
Konzentration	Labyrinth im Garten	72
Schwungübungen	gemischte Übungen	73
Logisches Denken	Puzzlebild beim Ausreiten	74
Zahlenverständnis	Zahlen lesen und schreiben	75
Konzentration	Paare finden	76

Inhaltsverzeichnis

Schwungübungen	gemischte Übungen	77
Logisches Denken	Muster fortsetzen	78
Zahlenverständnis	zählen	79
Konzentration	Paare finden	80
Schwungübungen	Schneckenform nachzeichnen	81
Logisches Denken	Paare finden	82
Zahlenverständnis	Zahlen lesen und schreiben	83
Konzentration	Fehlersuchbild der Ausritt	84
Schwungübungen	Grundformen nachziehen	85
Konzentration	Schnittmuster	86
Konzentration	Formen wiedererkennen	87
Schwungübungen	Elemente unterscheiden	88
Logisches Denken	Teile ergänzen	89
Zahlenverständnis	Zählen	90
Konzentration	Gemeinsamkeiten und Unterschiede erkennen	91
Schwungübungen	Spiralen zeichnen	92
Konzentration	Gemeinsamkeiten und Unterschiede erkennen	93
Zahlenverständnis	Zahlen lesen und schreiben	94
Schwungübungen	Schraubenformen zeichnen	95

Male Bibi, Tina und Felix in den richtigen Farben aus.

Fohlen Felix ist schon 4 Monate alt.
Wie alt bist du? Lass dir die
Zahl zeigen und male sie aus.

1 2 3 4 5 6 7 8 9

Bibi und Tina paddeln auf dem See.
Zeichne Bibis Fahrlinie nach.

Streiche in jeder Reihe das Bild durch, das nicht zu den anderen passt.

Male alle Blumen fertig.
Dann kannst du sie bunt ausmalen.

Alex, Bibi und Tina würfeln beim Picknick um die Wette. Wer würfelt am häufigsten die 1? Schreibe die 1 auf den gepunkteten Linien und dann in die Würfel, die keine Punkte haben.

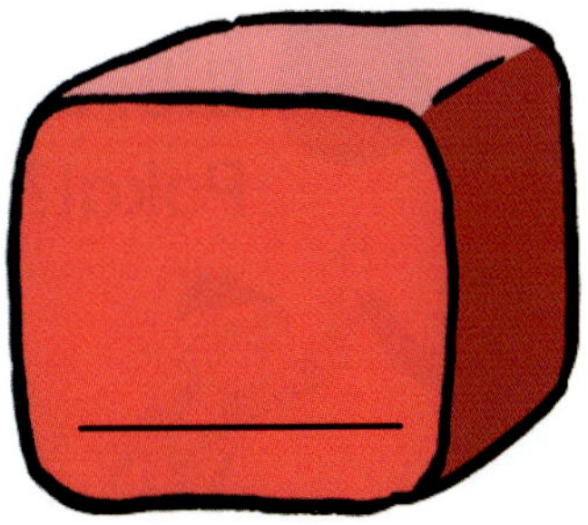

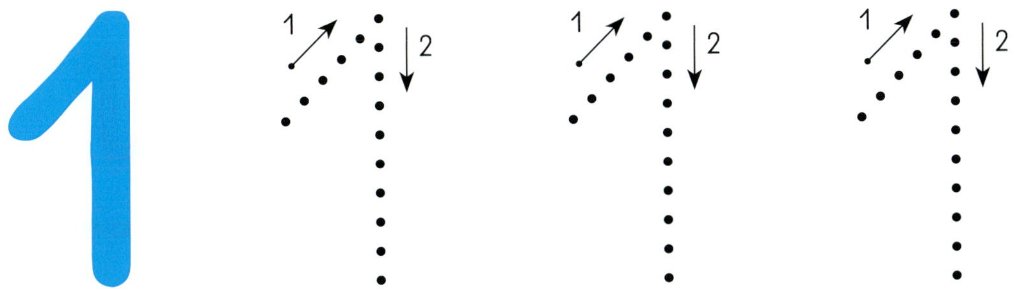

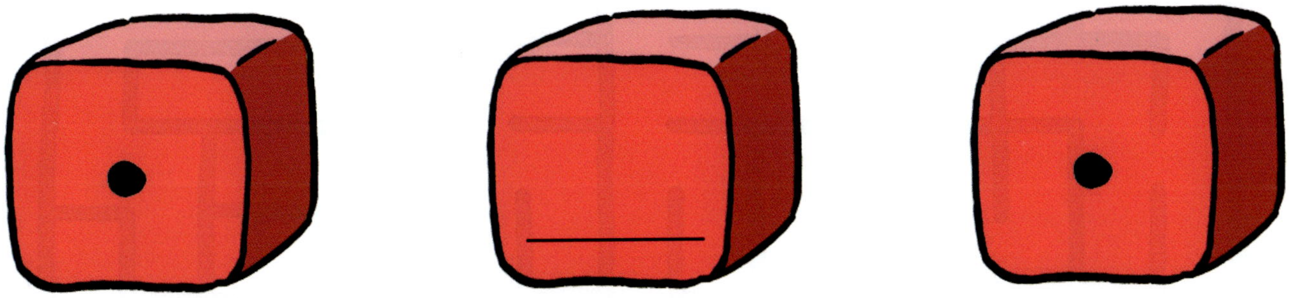

Bibi und Tina machen ein Wettreiten. Wer holt den Pokal? Zeige den beiden den Weg durchs Labyrinth.

Tipp: Fahre den Weg zuerst mit dem Finger nach. Male ihn anschließend mit einem Stift auf.

Bibi und Tina spielen mit den Katzen.
Sieh nur, wie sie springen!
Male die Sprünge nach und
noch mehr dazu.

Tina sortiert alte Bilder. Verbinde die Teile, die zusammengehören, mit einem dicken Strich.

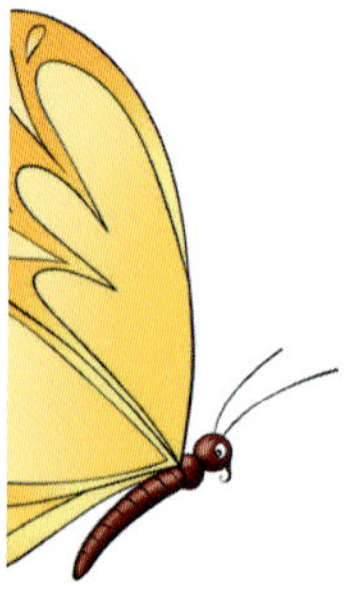

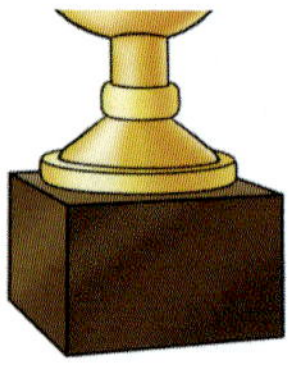

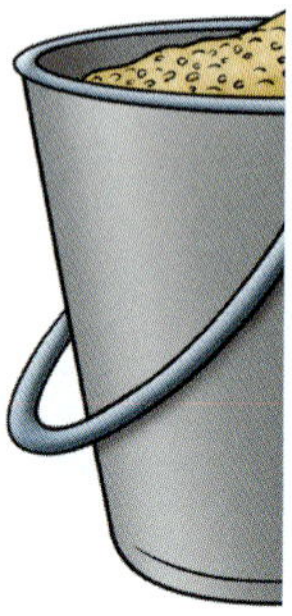

Bibi und Tina verbringen ihren Urlaub am Meer.
Zeichne die Wellen des Wassers nach
und noch mehr dazu.

2 Schmetterlinge, 2 Freundinnen, 2 Pferde. Schreibe die 2 auf die gepunkteten Linien und auf die Linien neben dem Bild.

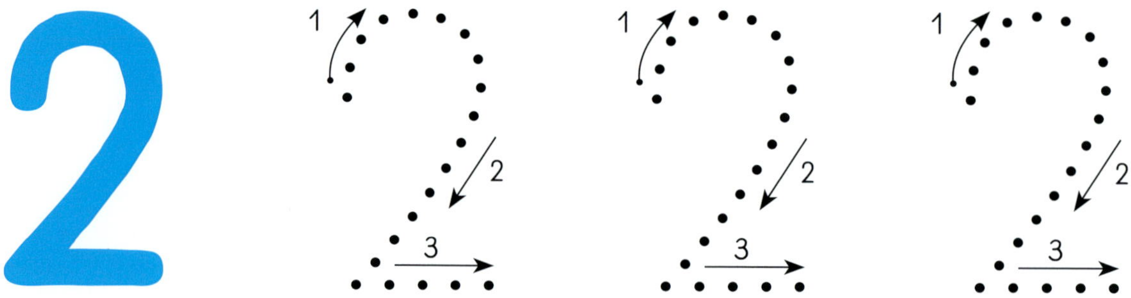

Bibi hat ein Puzzlebild gefunden. Es zeigt, wie Tina der kleinen Sara das Melken zeigt. Hilf Bibi, das Puzzle zu lösen und verbinde die Puzzleteile mit den passenden Lücken.

Bibi und Tina staunen über die Pflanzen, die hier wachsen. Erkennst du die Buchstaben? Immer zwei Buchstaben sind gleich. Finde sie und verbinde sie miteinander.

Verbinde die Bilder in der richtigen Reihenfolge miteinander.
Erzähle die Geschichte.

Ein Tipp:
Beginne mit diesem Bild.

Vor dem Schlafengehen singen Bibi, Tina und Holger gemeinsam ein paar Lieder. Dabei leuchten die Sterne zum Fenster herein. Male Sterne und Monde fertig und zeichne noch welche dazu.

Bibi, Tina und Alex machen ein Wettreiten.
Schreibe die 3 auf die gepunkteten Linien
und dann auf die Linien, neben den Pferden.

3

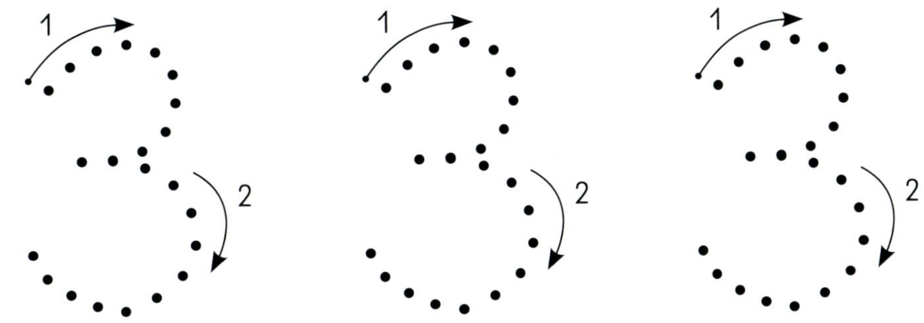

Juhuu! Bibi und Tina haben einen Pokal gewonnen! Im unteren Bild fehlen fünf Dinge. Finde sie und male sie dazu.

(Es fehlen: Tinas Kappe, das Schild des Pokals, Bibis Jackentasche, ein Zügel, der Schweif)

Schwinge im großen Hufeisen.
Male so viele Bögen in das Hufeisen,
bis es ganz bunt ist. Beginne oben links.

Bibi und Tina wollten Freundschaftsbänder machen, doch sie sind nicht fertig geworden. Hilf ihnen und male die Perlenketten fertig.

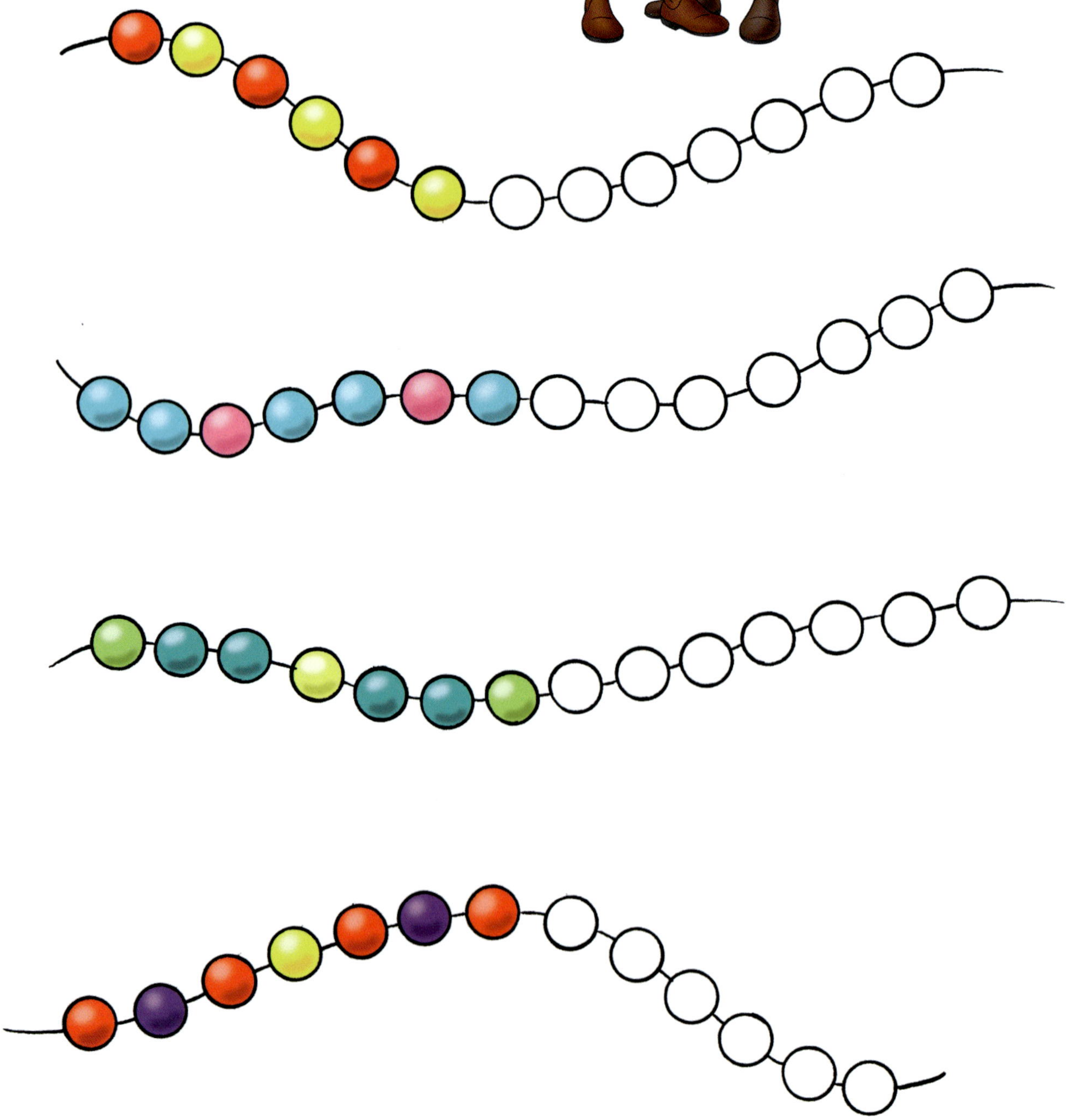

Bibi, Tina und Alex schauen über die Mauern von Schloss Falkenstein. Fahre die Mauern nach und ergänze sie.

Bibi, Tina, Frau Martin und ein Ferienkind sitzen am Lagerfeuer. Die Vier singen gemeinsam ein Lied. Und so sieht die 4 aus. Schreibe sie auf den gepunkteten Linien und dann über jede Person.

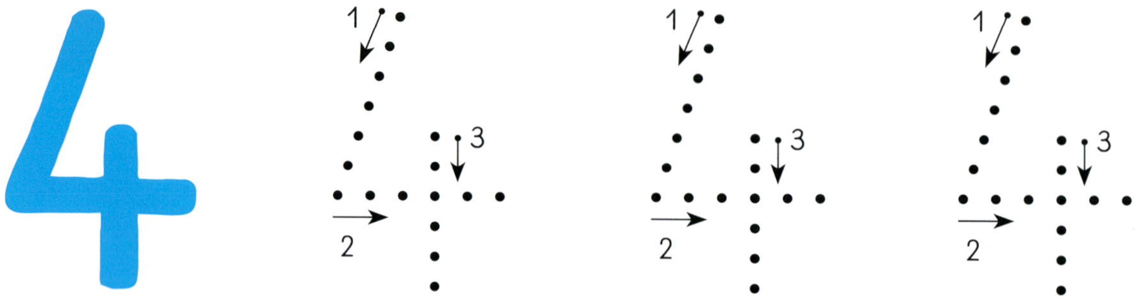

Jeder Buchstabe hat eine Farbe.
Die Leiste oben zeigt dir, welche Farbe zu welchem Buchstaben gehört. R = Grün, A = Gelb, U = Orange, P = Blau, E = Rot
Male die Felder entsprechend aus.

R A U P E

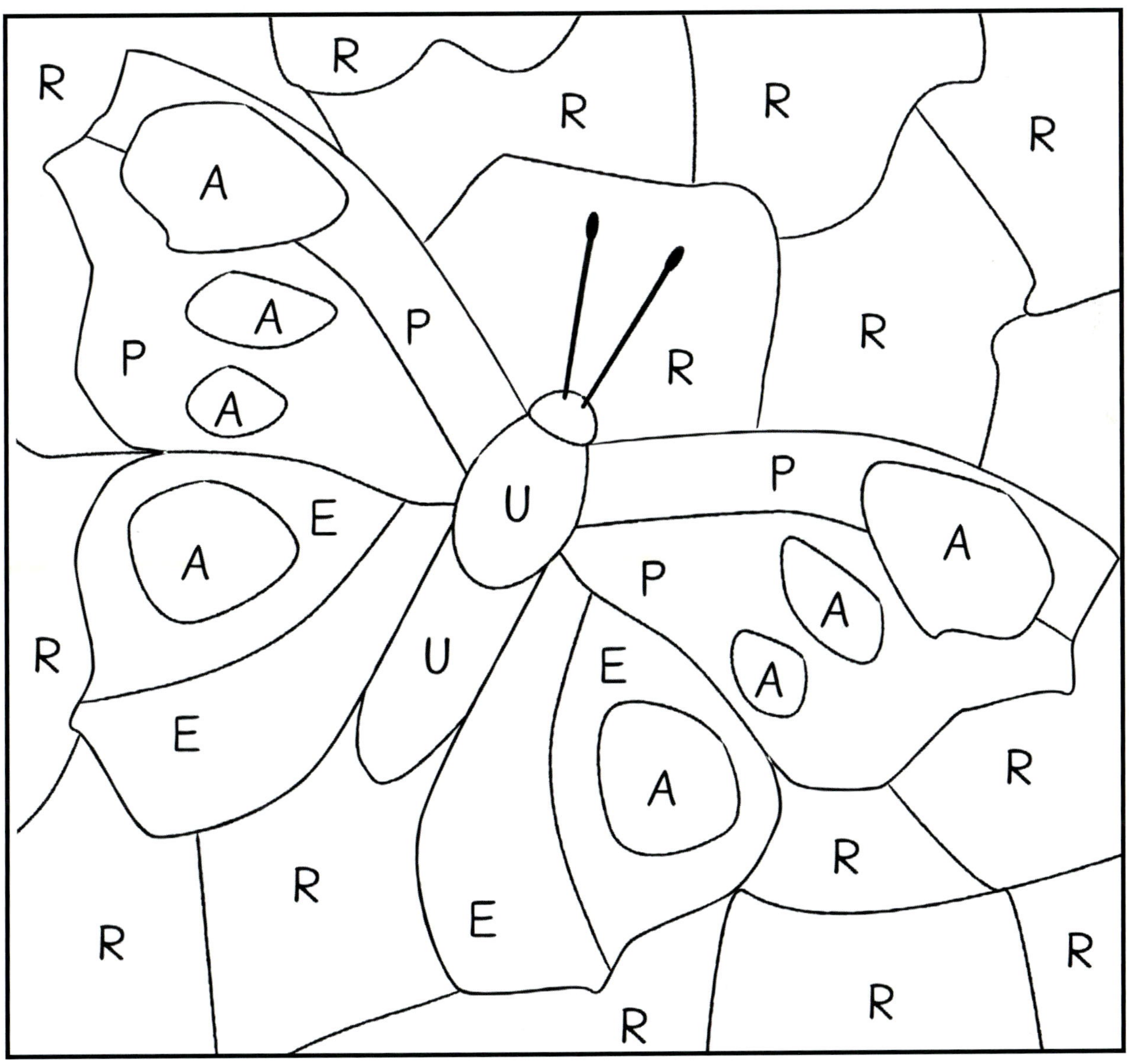

An jeder Hand hast du fünf Finger.
Schreibe die 5 auf die gepunkteten Linien und zu Bibis und Tinas Händen.

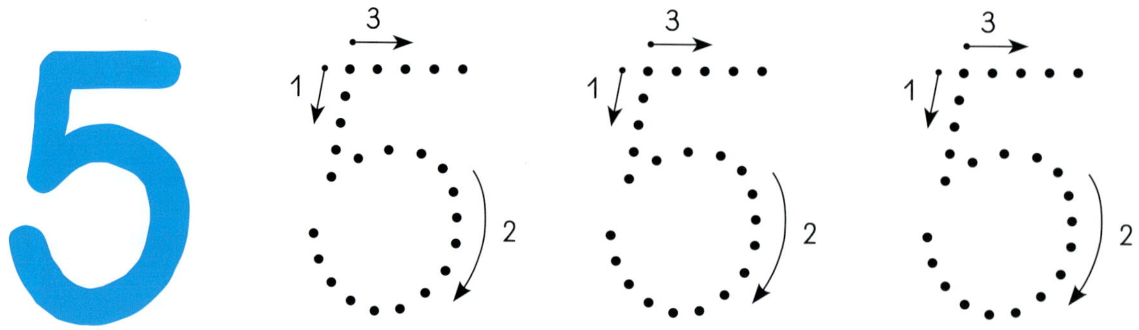

Weißt du, wo diese Geschichte anfängt? Schreibe eine 1 in das Kästchen. Wie geht es weiter? Schreibe in das nächste Bild die 2, dann die 3 und die 4. Erzähle die Geschichte.

Bibi und Tina machen eine Schneeballschlacht.
Male die Kreise fertig und noch mehr dazu.

Die Ponys Max und Moritz feiern Geburtstag. Sie werden heute 6 Jahre alt. Schreibe die 6 auf die gepunkteten Linien und auf jeden Ballon.

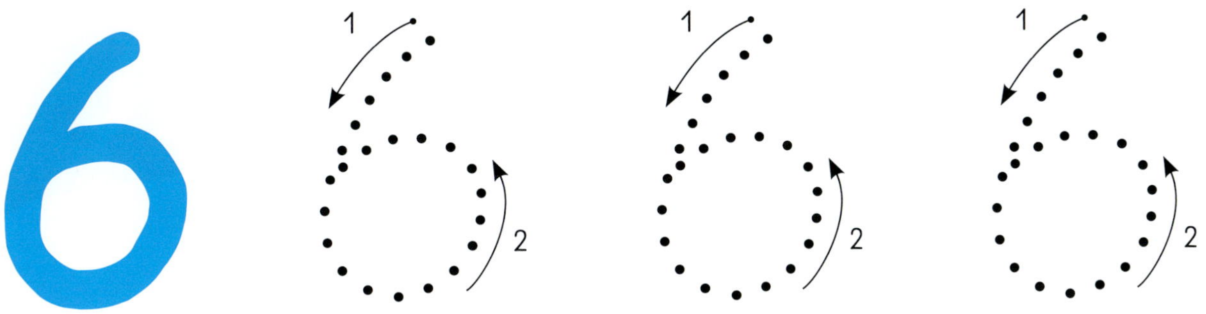

Tina findet ein Foto vom letzten Sommerfrühstück.
Hilf ihr, die Gegenstände im Bild zu finden.
Verbinde sie mit einem Stift.

Bibi, Tina und Alex gehen zum Angeln.
Zeichne die Angelhaken nach
und ergänze sie.

Die Ferienkinder spielen mit Bausteinen im Stall. Welchen Turm können sie mit ihren Bausteinen bauen? Kreuze an.

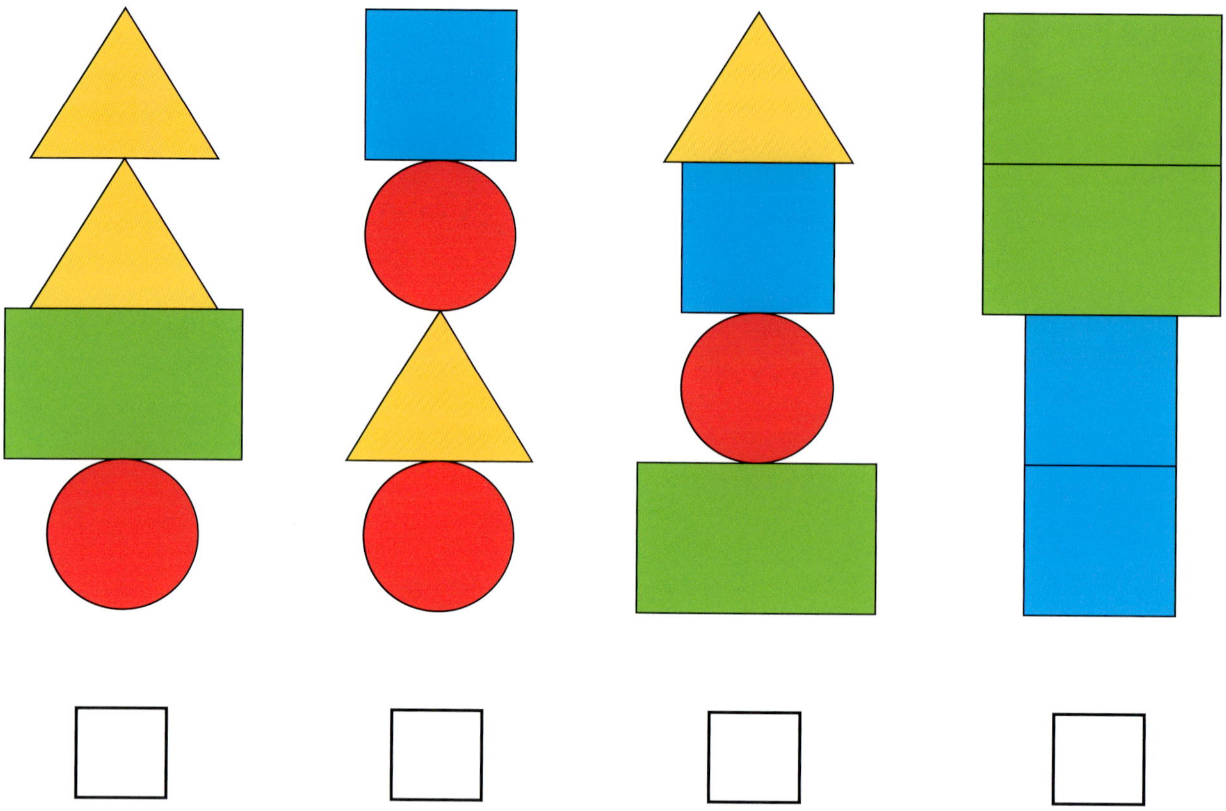

Tina reitet mit Amadeus über viele Hindernisse. Zeichne die Linien nach und male sie noch weiter.

Tina hat bei Reitturnieren schon 7 Pokale gewonnen. Schreibe die 7 auf die gepunkteten Linien und auf jeden Pokal.

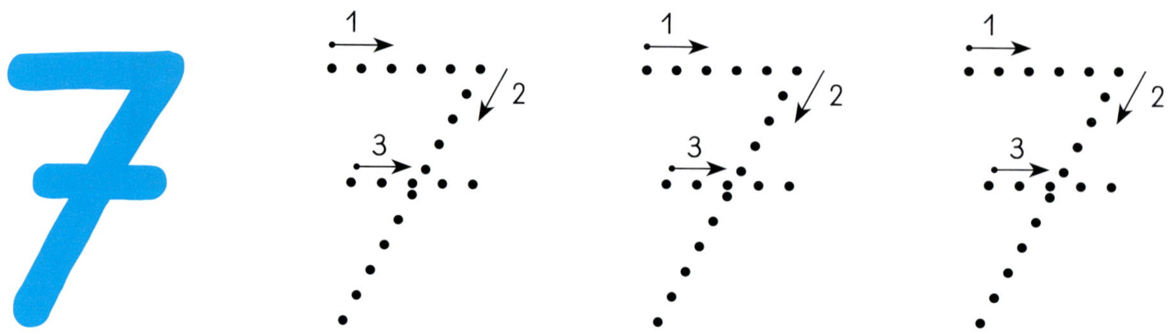

Verbinde die passenden Hälften mit einem Stift.

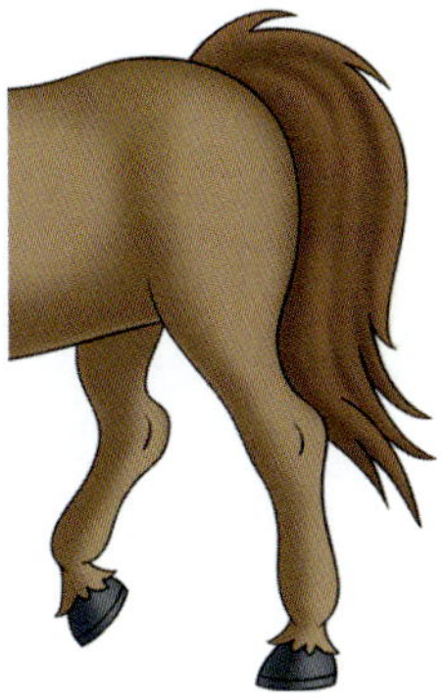

Bibi und Tina sind am See.
Male den Fischen, die nach links schwimmen, orange Schuppen.
Male den Fischen, die nach rechts schwimmen, blaue Schuppen.

Was wächst in Frau Martins Garten?
Ziehe Linien von den Dingen, die im Garten wachsen, zu Frau Martin.

Wer führt welches Pferd am Führstrick? Zeichne die Linien in verschiedenen Farben nach.

Bibi hat viele Schneemänner gebaut.
Erkennst du die Form? Alle sehen aus wie
eine 8. Schreibe die 8 auf die gepunkteten Linien
und spure die Schneemänner nach.
Male noch weitere Schneemänner dazu.

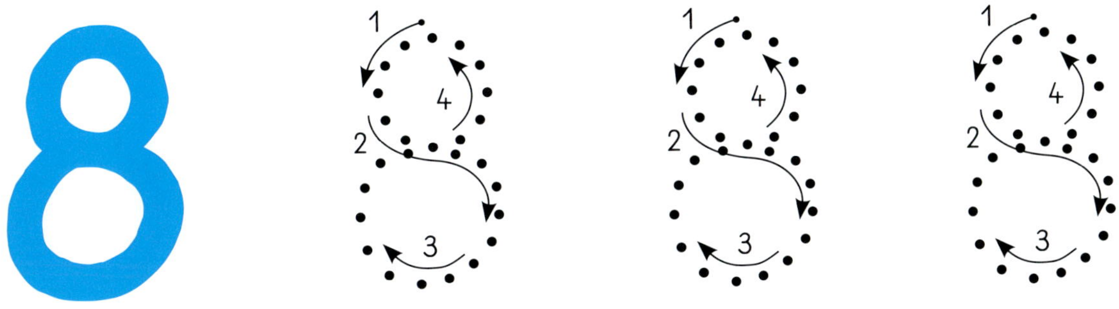

Finde zu jedem Bild auf der linken Seite das passende Gegenstück auf der rechten Seite. Verbinde mit einem Stift.

+

+

+

Ein Häschen ist alle Treppen im Schloss Falkenstein hinaufgehüpft. Tina und Alex möchten es wieder nach draußen bringen. Male alle Treppenstufen nach und ergänze sie.

Immer zwei Bilder gehören zusammen, aber welche? Immer eins der Bilder hat einen bunten Rahmen, male den Rahmen des dazugehörenden Bildes in der gleichen Farbe aus.

Schreibe die Anfangsbuchstaben von Tina, Bibi und Alex nach.
Die Pfeile zeigen dir, wie es geht.

T T T T

B B B B

A A A A

Heute sind 9 Pferde auf der Koppel.
Schreibe die 9 auf die gepunkteten Linien und dann über jeden Pferdekopf.

9

Bibi wünscht sich zu Weihnachten eine Wollmütze und malt ein Bild davon auf ihren Wunschzettel. Sie hört aber nach der Hälfte auf. Male das Bild zu Ende.

Finde die fünf Fehler im unteren Bild und kreise sie ein.

Lösung: Küken am Boden, Haarreif des Mädchens in der Mitte, Pony des Kälbchens, Fleck des Kälbchens, T-Shirt-Streifen des rechten Mädchens

Bibi und Tina nehmen an der großen Vogelzählung teil. Im Moment zählen sie 10 Vögel. Schreibe die 10 auf die gepunkteten Linien und dann über jeden Vogel.

10

10 10

Eines der Pferde hat alle Möhren aus der Schubkarre gegessen. Welches Pferd war es? Kreuze an.
Es ist ein großes Pferd.
Es hat eine schwarze Mähne.
Seine Grundfarbe ist hellgrau.
Sein Fell hat schwarze Flecken.

Bibi legt mithilfe des Hufschmieds ein Hufeisen-Mandala.
So etwas hat er noch nie gesehen.
Ziehe die Hufeisen nach und ergänze sie.
Nimm dazu viele unterschiedliche Farben.

Hilf Tina und Holger den Zaun zu bauen.
Male die fehlenden Balken dazu.

Verbinde von Punkt zu Punkt Sabrinas Schweif.
Male das Bild aus.

Bibi, Tina und Alex freuen sich über den Schnee. Male die verschiedenen Schneeflocken nach und ergänze sie.

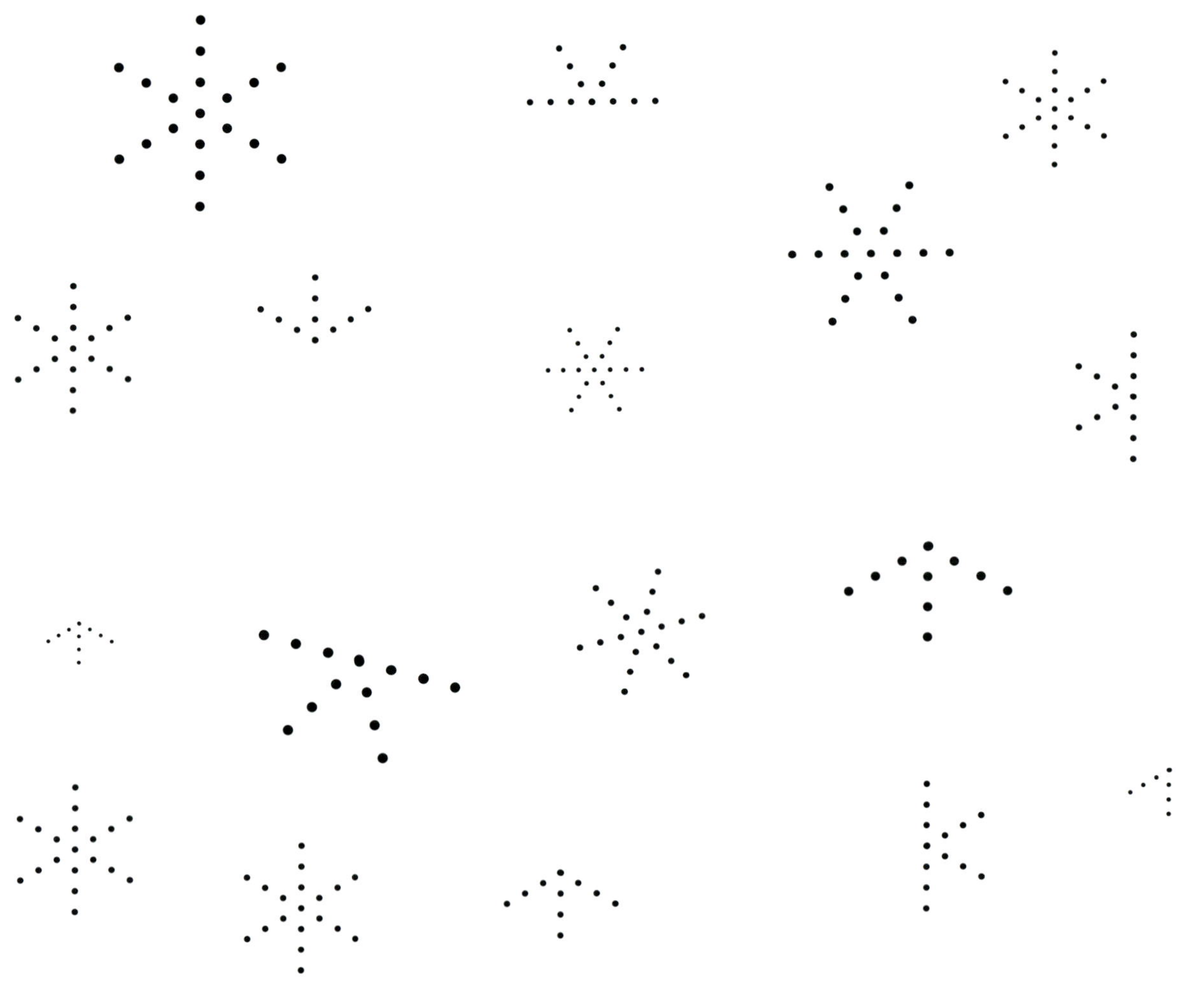

Bibi und Tina treffen sich um 3 Uhr zum Ausreiten. Auf ihren Uhren fehlen Zahlen. Schreibe sie in die leeren Felder. Die Uhr im grünen Rahmen zeigt dir, welche Zahlen an welcher Stelle stehen müssen.

Bibi verteilt Heu an die Pferde. In welcher Box landet sie hier? Fahre den Weg mit einem Stift nach.

Bibi und Tina genießen den Nachmittag auf einer Lichtung im Wald. Finde die einzelnen Buchstaben im Bild und male sie an. Die Buchstaben oben zeigen dir die richtigen Farben.

W A L D

Immer zwei Dinge gehören zusammen.
Weißt du welche? Verbinde sie mit einem Stift.

Holger möchte noch weitere Strohballen vom Heuboden holen. Wie viele Sprossen muss er nehmen? Zähle und schreibe die Zahlen auf die gepunkteten Linien.

Male das Mandala vollständig aus.

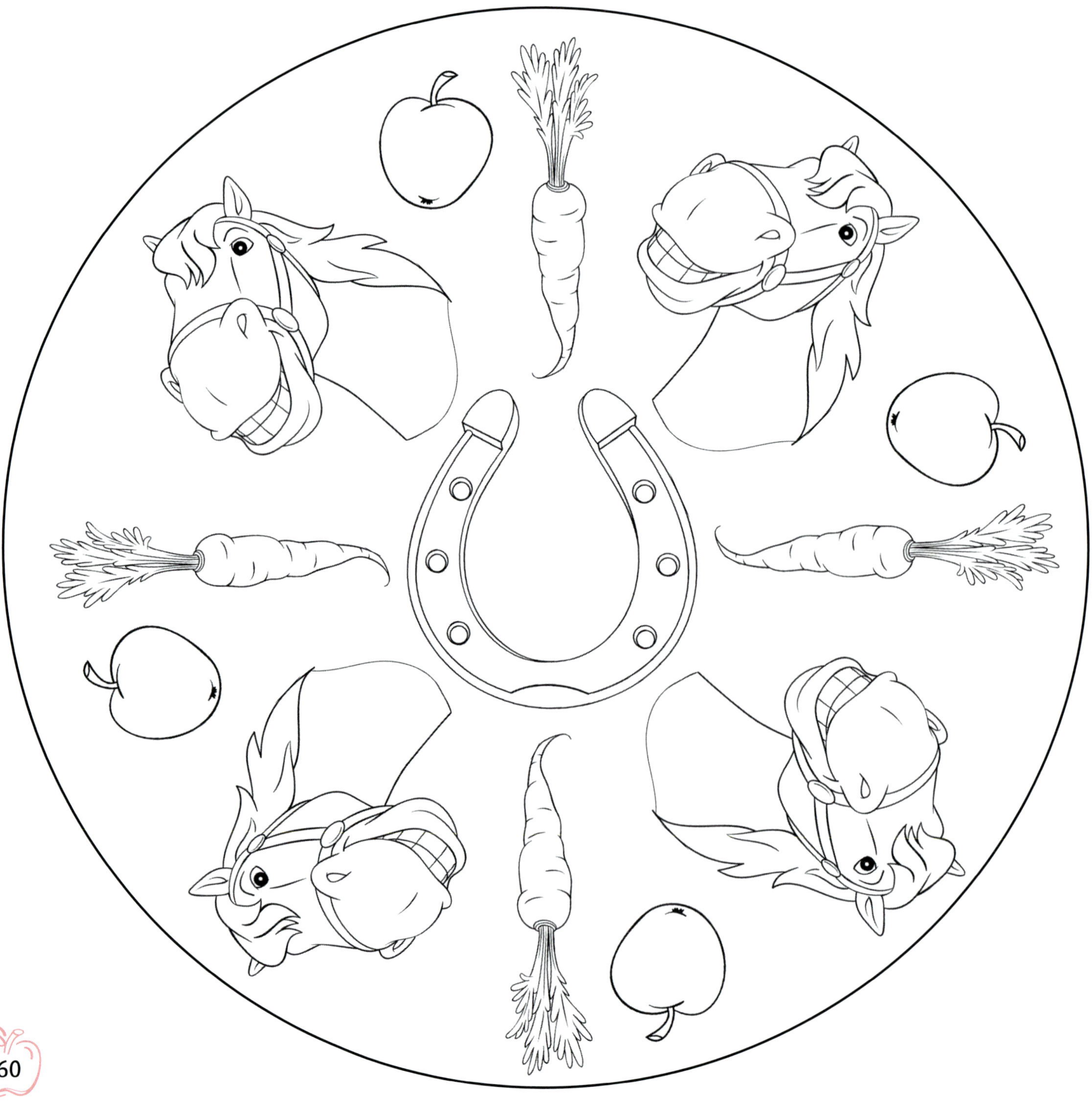

Bibi sucht im Stall Huhn Berta, Pony Moritz, die Heugabel und das weiße Kaninchen. Kreise das Richtige ein.

Auf dem Martinshof wird eine Gartenparty gefeiert.
Der Tisch ist mit bunten Tellern gedeckt.
An manchen Stellen fehlt ein Teller.
Male den Teller in der richtigen Farbe an.

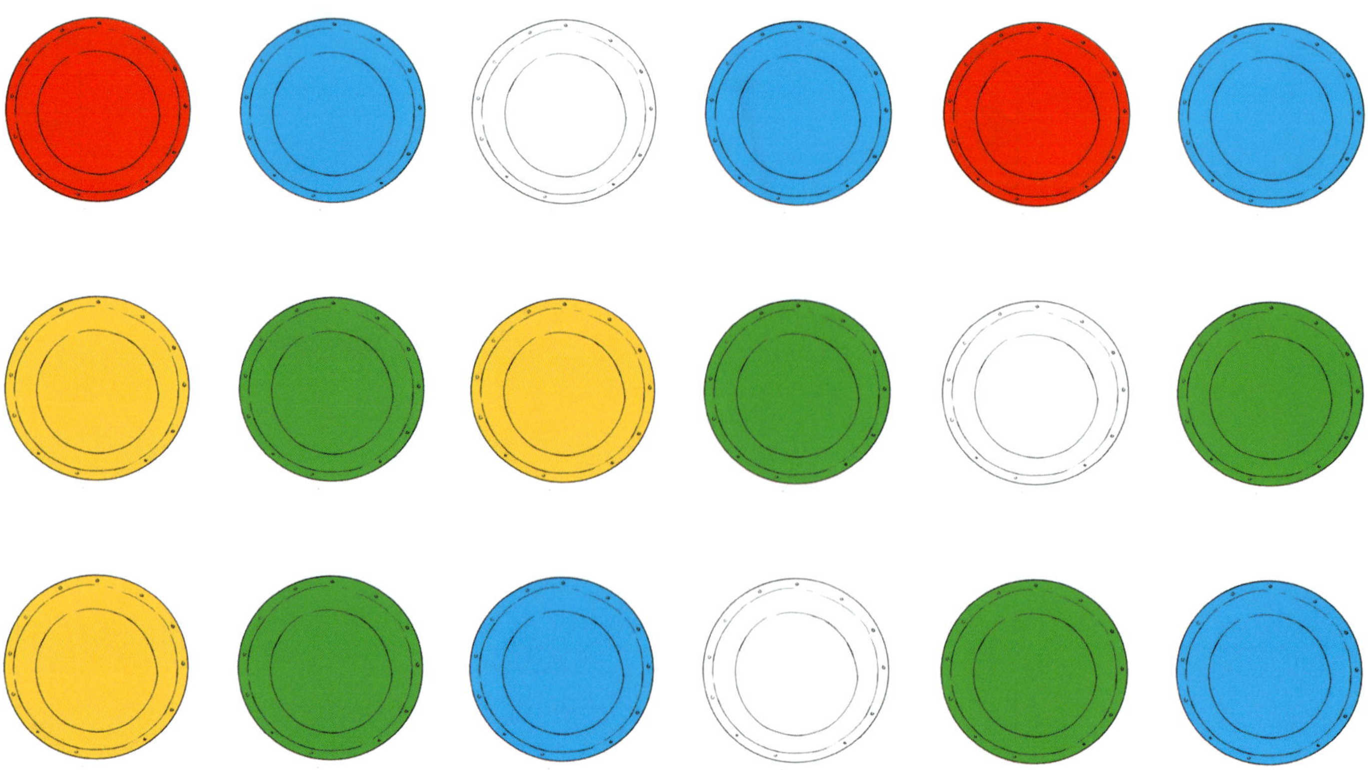

Wie viele Tiere siehst du auf diesem Bild? Zähle die Tiere unten und schreibe die Anzahl in das jeweilige Feld.

Bitte jemanden, dir diese Sätze vorzusprechen.
Kannst du sie nachsprechen?
Erfinde eigene Zungenbrecher.

Der Marktplatzspatz nahm auf dem Marktplatz Platz.
Auf dem Marktplatz nahm der Marktplatzspatz Platz.

Falko von Falkenstein fand Fohlen Fatima frierend
früh am Freitag bei Falkensteins Förster.

Alle wollen auf dem schnellsten Weg nach Hause. Drehe den Block. Spure, ohne abzusetzen, die Wege zum Ziel.

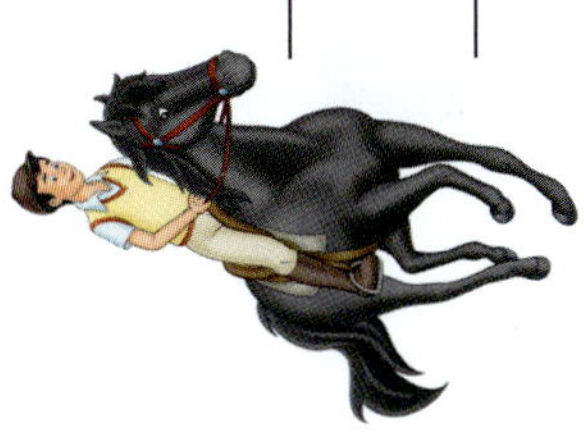
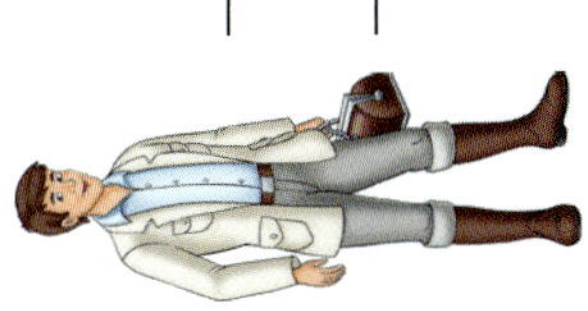

Puh, hier ist aber wirklich alles durcheinander geraten. Verbinde immer die beiden Bilder, die zusammengehören.

Abends bringen Bibi und Tina die Tiere in den Stall und ins Häuschen. Suche zehn Tiere aus, die zuerst hineindürfen und nummeriere sie der Reihe nach. Schreibe die blauen Zahlen neben die Tiere.

1, 2, 3, 4, 5, 6, 7, 8, 9, 10

Auf der Koppel bei Schloss Falkenstein ist einiges los! Zwei Pferde sehen genau gleich aus. Kreise sie ein.

Alex möchte Tina ein Gedicht schreiben. Immer zwei Dinge reimen sich. Finde die Reimpaare und verbinde sie miteinander.

ROCK

TASSE

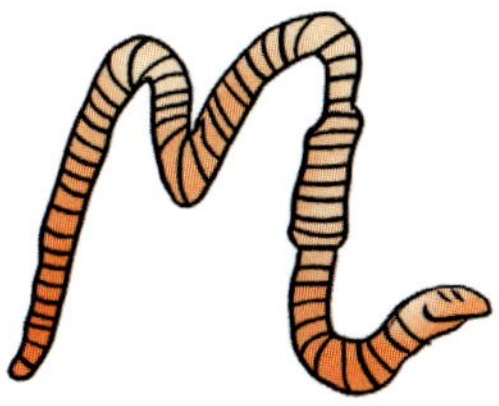

WURM

TURM

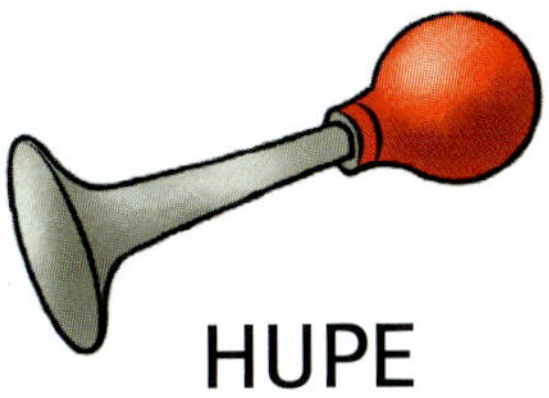

HUPE

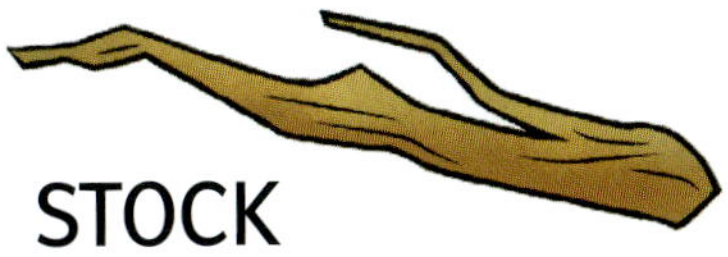

STOCK

MAUS

KASSE

HAUS

LUPE

Bibi stellt Tina ein Rätsel. Sie hat Fotos gemacht und die Bilder in der Mitte durchgeschnitten. Verbinde die richtigen Hälften miteinander.

„Bibi, schau mal, was sitzt dort?“, fragt Tina. „Oh, wie schön!“, ruft Bibi. Willst du auch wissen, was die beiden entdeckt haben? Male die Felder in den richtigen Farben aus.

Graf Falko von Falkenstein und Alex spazieren in ihrem Garten herum. Rose oder Tulpe? Zu welcher Blume führt der Gartenweg?

Bibi und Tina reiten aus. Sie springen über viele Wassergräben. Fahre die gepunkteten Linien mit einem Stift nach.

Hier ist etwas aber noch nicht ganz fertig, oder? Verbinde die Puzzleteile durch eine Linie mit den passenden Lücken.

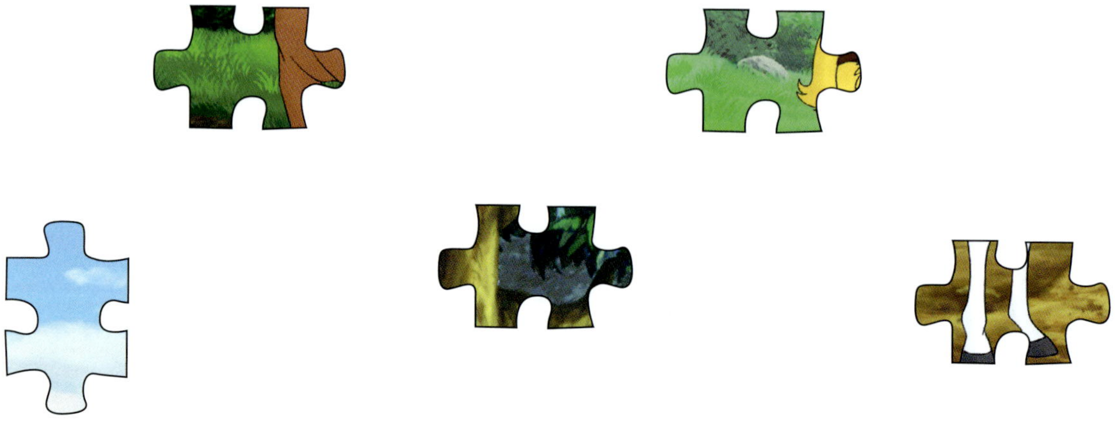

Bibi und Tina machen an einem Nebeltag einen Ausflug. Je näher sie ihrem Ziel kommen, desto deutlicher sehen sie es. Wenn du die Felder richtig ausmalst, erkennst du ihr Ausflugsziel.

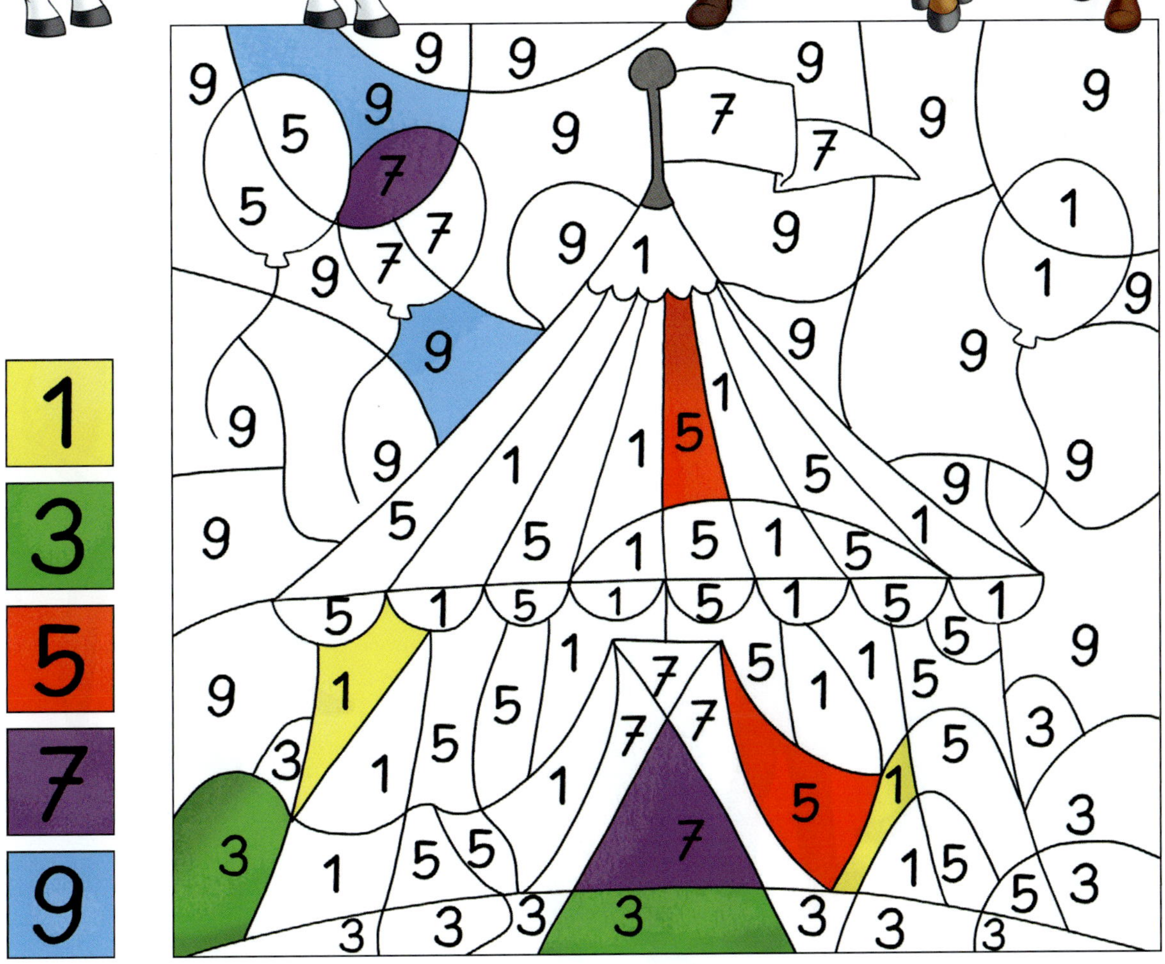

Oh weh! Bibi hat sich verhext. Jetzt sind alle Personen doppelt zu sehen. Verbinde gleiche Personen mit einem Strich.

Die beiden Fohlen Felix und Fatima toben auf der Weide. Fahre ihre Sprünge nach.

Bibi und Tina basteln Freundschaftsbänder.
Kannst du die Muster fortsetzen?

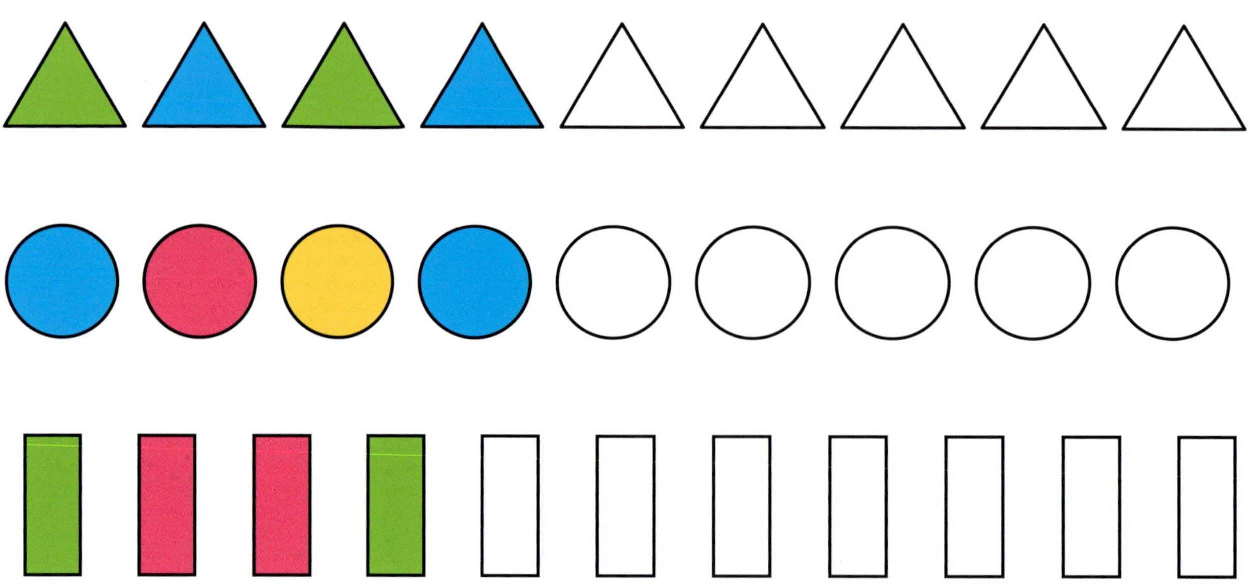

Bibi hext Laternen für eine Nachtwanderung und Federschmuck für die Ponys.
Zähle die Laternen und Federn und schreibe die Zahlen auf die Linien.

______

______

Tina hat ihre alten Bauklötze auf dem Dachboden gefunden. Sie bringt sie Trödel-Hannes zum Verkauf. Von jeder Form hat sie zwei Klötze in unterschiedlicher Farbe und Größe. Verbinde gleiche Formen miteinander.

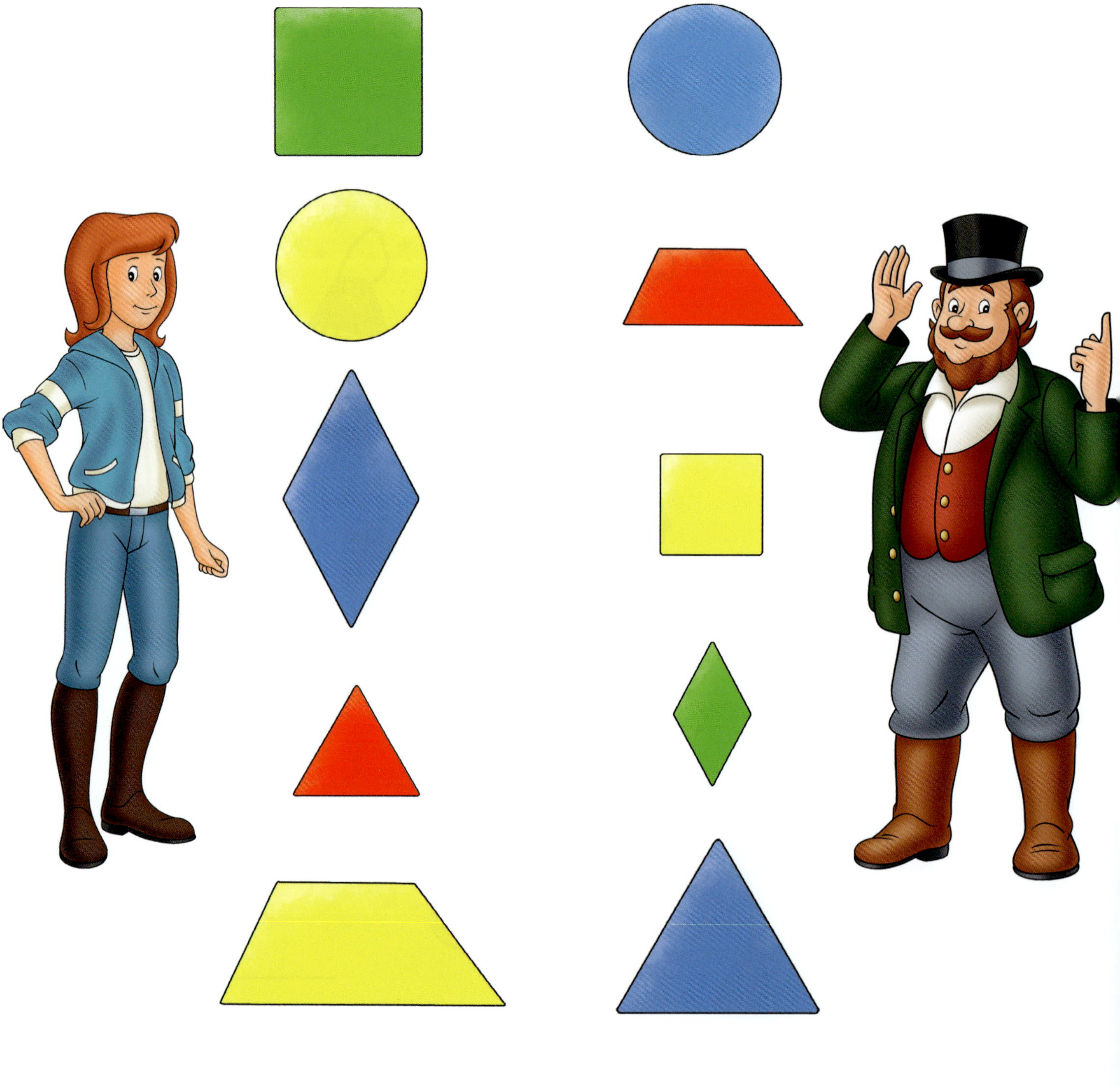

Ein Herbststurm weht auf dem Martinshof.
Er wirbelt die Blätter auf.
Spure alle Fluglinien der Blätter nach
und zeichne selbst welche.

Bibi, Tina, Alex und Mikosch machen eine Nachtwanderung. Im Mondlicht sind ihre Schatten zu sehen. Verbinde die Schatten mit den Personen.

Schreibe die richtige Zahl auf die Linien.

2

4

6

Wie viele Flecken hat Katja? ________

Wie viele Arme hat Bibi?

____

Wie viele Beine hat Sabrina? ________

Holger, Bibi, Tina und Alex reiten aus. Aber irgendetwas stimmt nicht, denn im unteren Bild fehlen fünf Dinge. Finde sie und male sie dazu.

(Es fehlen: Holgers Kappe, ein Pferdeohr, ein Pferdebein, Tinas Kragen, ein Pferdeschweif)

Bibi und Tina trainieren mit ihren Pferden.
Sie reiten um die Hindernisse herum.
Umrande alle Kreise grün. Nimm für die Vierecke einen blauen Stift und für die Dreiecke einen gelben.

Bibi und Tina wollen für eine Schnitzeljagd Zahlen aus einem Papier ausschneiden. Kannst du die Zahlen in diesem Bild erkennen? Male sie wie die oben stehenden Zahlen an.

2 3 4 8 9

Tina räumt im Stall auf.
Verbinde alle Dinge, die die gleiche Form haben und male sie in derselben Farbe an.

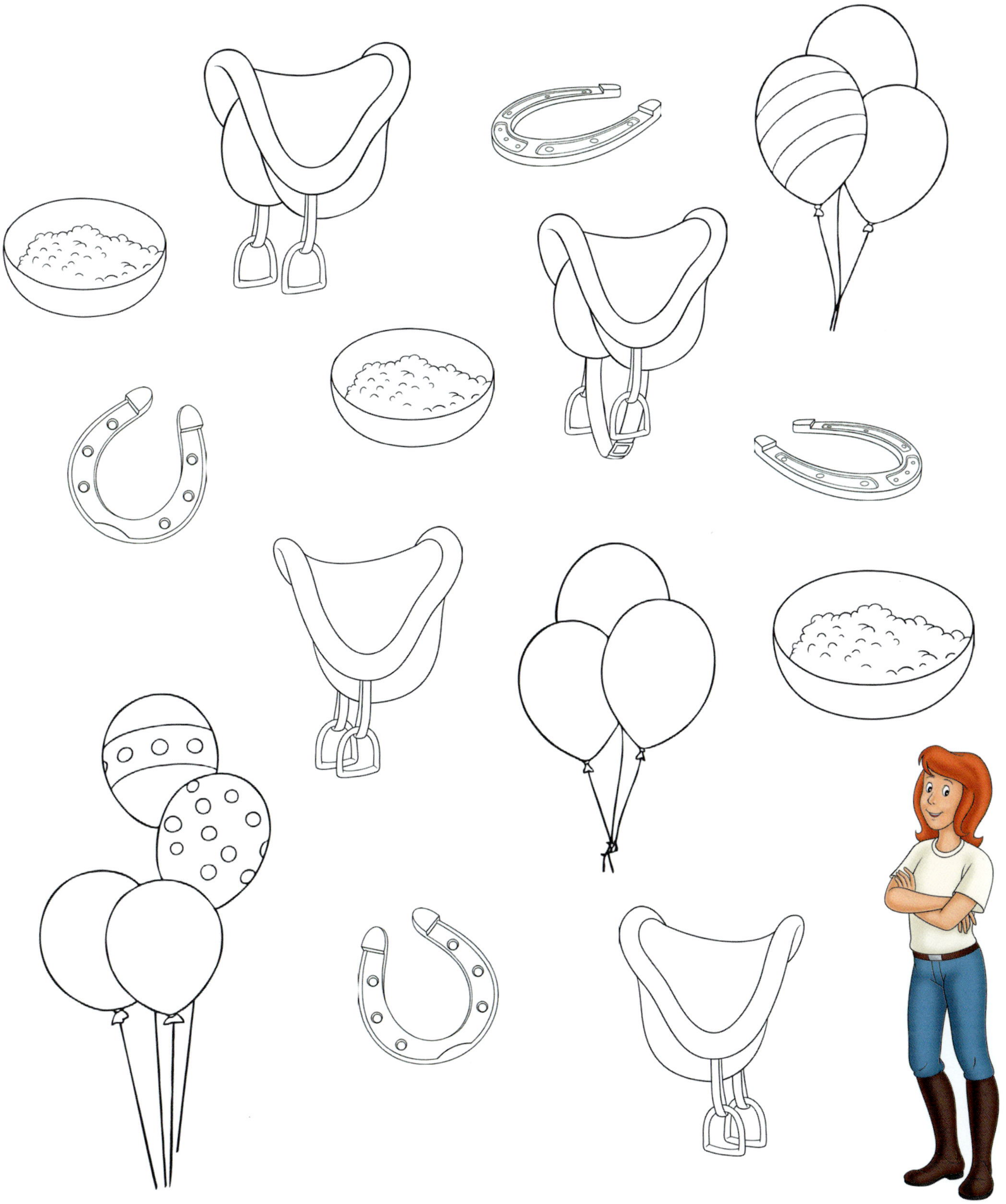

Bibi und Tina reiten durch den Falkensteiner Forst. Sie sehen verschiedene Wegzeichen. Male alle Wege, die vom Kreuz-Zeichen wegführen, rot an. Die Wege, die vom Kreis-Zeichen ausgehen, grün und die Wege, die vom Dreieck ausgehen, blau.

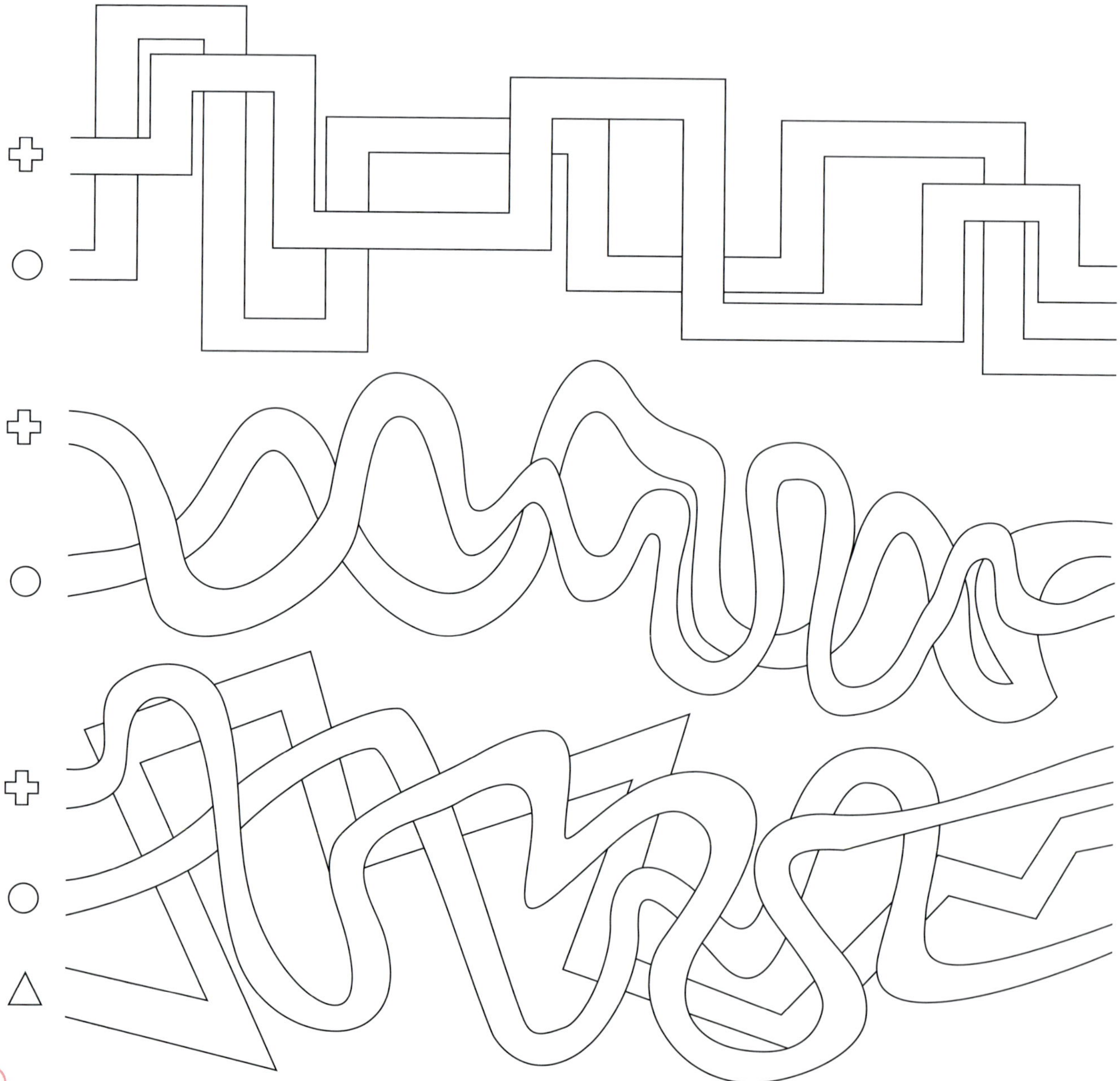

Im Schuppen auf dem Martinshof sind einige Dinge kaputt. Repariere mit einem Bleistift, was nicht in Ordnung ist. Male zum Schluss alles aus.

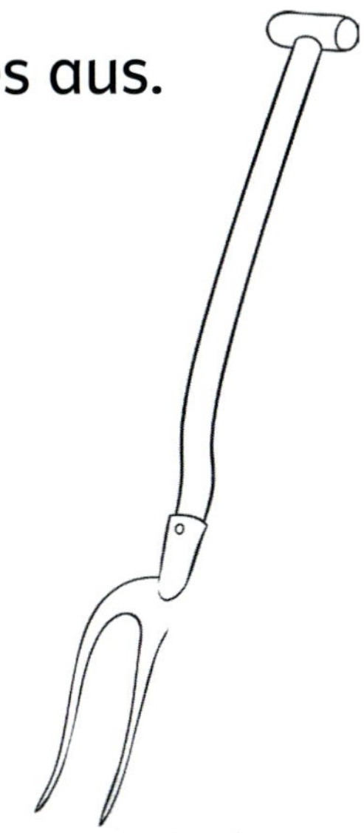

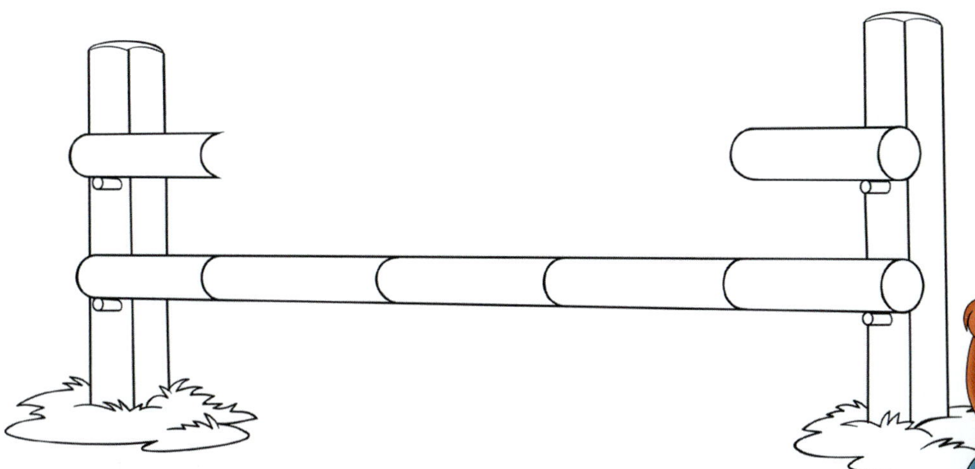

Bibi und Tina verbringen den Nachmittag auf einer Wiese am Waldrand. Sie beobachten die Tiere. Zähle die Tiere unten und schreibe die Anzahl in den jeweiligen Kreis.

Finde die fünf Fehler im unteren Bild und kreise sie ein.

Ich habe schon zwei Fehler entdeckt!

Lösung: Tinas Shirt, Amadeus' Auge, Satteldecke des Pferdes vorn, Bibis T-Shirt, Sabrinas Halfter

Tina hat beim Reitturnier gewonnen. Sie feiert mit Bibi. Spure die Luftschlangen mit beiden Händen gleichzeitig nach.
Male noch ganz viele bunte dazu.

← linke Hand

rechte Hand →

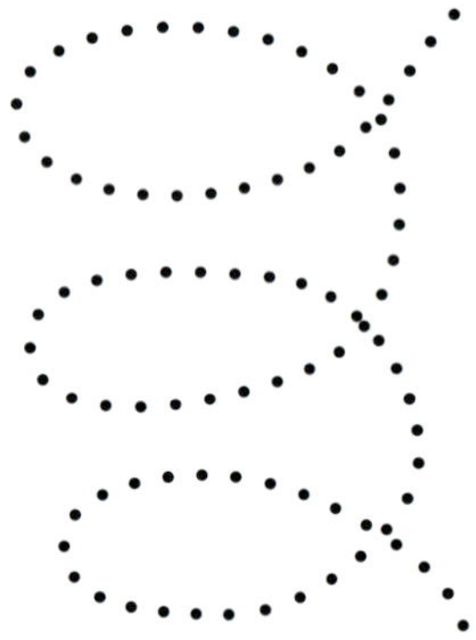

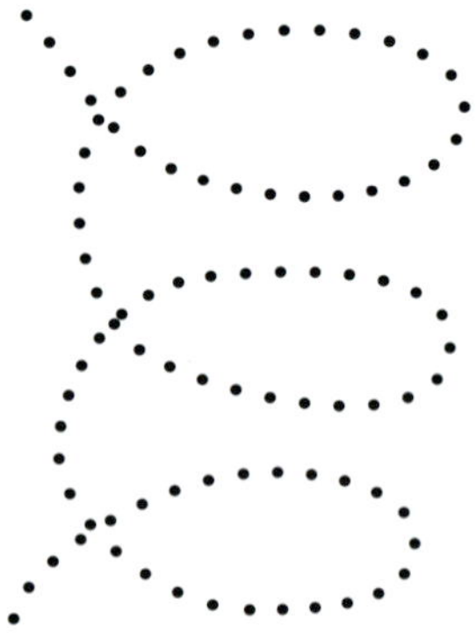

Jemand hat die Tassen in der Martinshofküche völlig durcheinander gebracht. Verbinde die drei Tassen, die zusammengehören, mit einem Strich.

Bibi und Tina treffen Trödel-Hannes.
Siehst du, was sein Pferd zieht? Finde es heraus, indem du die Zahlen verbindest.
Die blauen Zahlen zeigen dir die Reihenfolge.

1, 2, 3, 4, 5, 6, 7, 8, 9, 10,
11, 12, 13, 14, 15, 16, 17, 18, 19, 20

Bibi und Tina beobachten beim Picknick
Vögel und Schmetterlinge.
Zeichne ihre Fluglinien nach.

Bibliografische Information der Deutschen Nationalbibliothek
Die Deutsche Nationalbibliothek verzeichnet diese Publikation in der Deutschen Nationalbibliografie; detaillierte bibliografische Daten sind im Internet über http://dnb.dnb.de abrufbar.

4. Auflage 2026

Redaktion: Jutta Dahn
Lizenz durch KIDDINX Media GmbH
Lahnstraße 21, 12055 Berlin

Uns gibt es auch auf YouTube /Bibi und Tina TV
bibiundtina.de

www.klett-lerntraining.de/kontakt

Dies ist eine Zusammenstellung aus: Bibi & Tina, Mein Schulstart-Block: Konzentrations- und Denkspiele (2019); Bibi & Tina, Mein Schulstart-Block: Zahlen- und Logikrätsel (2020); Bibi & Tina, Mein Schulstart-Block: Schwungübungen (2022)

Autorin: Dr. Birgit Ebbert
Illustrationen: Mo Büdinger, München: S. 93; Madlen Frey und Till Bayreuther, Münster: S. 12, 15, 17, 19, 26, 29, 31, 32, 34, 48, 56, 71, 72, 74, 75, 79, 80, 86, 91; Steffen Jähde, Sundhagen: S. 38; Veronika Mischitz, Esslingen: S. 18, 27, 47, 57, 69; Katja Rau, Berglen: S. 11, 24, 39, 55, 62, 93; Florian Schmitt, Hildesheim: S. 93
Satz: tebitron gmbh, Gerlingen
Druck: Florjančič tisk d.o.o., Maribor
ISBN 978-3-12-949764-7